essentials

Essentials liefern aktuelles Wissen in konzentrierter Form. Die Essenz dessen, worauf es als „State-of-the-Art" in der gegenwärtigen Fachdiskussion oder in der Praxis ankommt. Essentials informieren schnell, unkompliziert und verständlich.

* als Einführung in ein aktuelles Thema aus Ihrem Fachgebiet
* als Einstieg in ein für Sie noch unbekanntes Themenfeld
* als Einblick, um zum Thema mitreden zu können.

Die Bücher in elektronischer und gedruckter Form bringen das Expertenwissen von Springer-Fachautoren kompakt zur Darstellung. Sie sind besonders für die Nutzung als eBook auf Tablet-PCs, eBook-Readern und Smartphones geeignet.

Essentials: Wissensbausteine aus Wirtschaft und Gesellschaft, Medizin, Psychologie und Gesundheitsberufen, Technik und Naturwissenschaften. Von renommierten Autoren der Verlagsmarken Springer Gabler, Springer VS, Springer Medizin, Springer Spektrum, Springer Vieweg und Springer Psychologie.

Die elektronische Rechnung

Karin Nickenig

Darstellung unter Berücksichtigung der GoBD

Karin Nickenig
Mülheim-Kärlich
Deutschland

ISSN 2197-6708   ISSN 2197-6716 (electronic)
essentials
ISBN 978-3-658-11303-2   ISBN 978-3-658-11304-9 (eBook)
DOI 10.1007/978-3-658-11304-9

Die Deutsche Nationalbibliothek verzeichnet diese Publikation in der Deutschen Nationalbibliografie; detaillierte bibliografische Daten sind im Internet über http://dnb.d-nb.de abrufbar.

Springer Gabler

Springer Fachmedien Wiesbaden ist Teil der Fachverlagsgruppe Springer Science+Business Media
(www.springer.com)

Was Sie in diesem Essential finden können

- einen vereinfachten Überblick über das System der Umsatzsteuer
- notwendige gesetzliche Voraussetzungen für den Vorsteuerabzug
- vereinfachte und verständliche Zusammenfassung der aktuellen GoBD
- Überblick über mögliche Chancen und Risiken zum Einsatz elektronischer Rechnungen
- Hinweis auf wichtige Gesetzestexte und Schreiben der Bundesfinanzministerien

Inhaltsverzeichnis

Abkürzungsverzeichnis

Abschn.	Abschnitt
AO	Abgabenordnung
BMF	Bundesministerium der Finanzen
DV-System	Datenverarbeitungssystem
EDI	Electronic Data Interchange
ELSTER	Elektronische Steuererklärung
etc.	et cetera
EUR	Euro
GDPdU	Grundsätze zum Datenzugriff und zur Prüfbarkeit digitaler Unterlagen
GoB	Grundsätze der ordnungsgemäßen Buchführung
GoBD	Grundsätze zur ordnungsgemäßen Führung und Aufbewahrung von Büchern, Aufzeichnungen und Unterlagen in elektronischer Form sowie zum Datenzugriff
GoBS	Grundsätze ordnungsmäßiger DV-gestützter Buchführungssysteme
HGB	Handelsgesetzbuch
IKS	Internes Kontrollsystem
o.ä.	oder ähnliches
Rz.	Randziffer
u. a.	und andere
USt	Umsatzsteuer
UStDV	Umsatzsteuerdurchführungsverordnung
UStG	Umsatzsteuergesetz
z. B.	zum Beispiel

Eine tägliche Herausforderung im Büroalltag: Die elektronische Rechnung

1

Die elektronische Rechnung ist im heutigen Büroalltag nicht mehr wegzudenken. Sie löst immer mehr die klassische Papierrechnung ab. Viele Unternehmer empfinden diese Situation nicht nur als praktisch, sondern sehen hierin nicht selten ein Potenzial zur Kostenersparnis und somit zur Gewinnsteigerung.

Dass der Einsatz der E-Rechnung – wie die elektronische Rechnung auch genannt wird – im Tagesgeschehen nicht nur positive Seiten, sondern auch Herausforderungen mit sich bringt, soll unter anderem mit Hilfe dieses Essentials aufgezeigt werden. Neben der allgemeinen Darstellung des inländischen Umsatzsteuer-Systems werden wesentliche gesetzliche Grundlagen und die im November 2014 erschienenen GoBD (= Grundsätze zur ordnungsmäßigen Führung und Aufbewahrung von Büchern, Aufzeichnungen und Unterlagen in elektronischer Form sowie zum Datenzugriff) [1] behandelt, welche beim Einsatz von elektronischen Rechnungen unbedingt zu beachten sind. Besonderheiten bei Fahrausweisen oder Kleinbetragsrechnungen sind ebenfalls Bestandteil dieses Essentials sowie eine kritische Betrachtung bzgl. des Einsatzes von elektronischen Rechnungen im Büroalltag. Wichtige Links, die Sie, liebe Leserinnen und Leser, bei Ihrer täglichen Arbeit im Büro unterstützen sollen, bildet den Abschluss dieses Essentials.

Ein Anspruch auf Vollständigkeit kann aufgrund der Komplexität dieses Themas leider nicht erhoben werden.

Als Autorin freue ich mich sehr auf Ihr Feedback zu diesem Essential. Gerne können Sie mir Ihre Kommentare, Ideen und Hinweise zu diesem komplexen Themengebiet per Mail (office@karin-nickenig.com) mitteilen. Ich bin gespannt!! Vielen Dank!

© Springer Fachmedien Wiesbaden 2015
K. Nickenig, *Die elektronische Rechnung,* essentials,
DOI 10.1007/978-3-658-11304-9_1

Wichtige Definitionen 2

Bevor im nächsten Kapitel Kap. 3 *Der Vorsteuerabzug im Rahmen des Umsatzsteuersystems im Inland* das umsatzsteuerliche System näher betrachtet wird, erfolgt an dieser Stelle eine Aufzählung einiger ausgewählter Fachbegriffe, welche Sie beim Verständnis dieser Lektüre unterstützen sollen:

Ausgangsrechnung
Rechnung an den Kunden

Cashflow
Zahlungsmittelüberschuss, Kennziffer zur Ermittlung der Innenfinanzierungskraft

e-billing
elektronische Rechnung

Eingangsrechnung
Rechnung des Lieferanten

GoB
Grundsätze der ordnungsgemäßen Buchführung = Spielregeln, nach denen die Buchführung erstellt werden muss.

Kleinbetragsrechnung
Rechnung bis zu einem Bruttobetrag in Höhe von 150,00 EUR, welche nach § 33 UStDV weniger Voraussetzungen für den Vorsteuerabzug erfüllen muss als eine Rechnung oberhalb 150,00 EUR, für welche die Vorgaben des § 14 ff. UStG gilt. Aus Kleinbetragsrechnungen darf der Rechnungsempfänger selbst die Vorsteuer aus dem Bruttobetrag ziehen, sofern alle Voraussetzungen der UStDV erfüllt sind.

© Springer Fachmedien Wiesbaden 2015
K. Nickenig, *Die elektronische Rechnung,* essentials,
DOI 10.1007/978-3-658-11304-9_2

Traglast

Umsatzsteuer-Betrag, welcher auf den Nettoumsatz entfällt. Die Berechnung erfolgt, indem der Nettobetrag mit dem Steuersatz multipliziert wird. Es erfolgt in der Regel eine Überwälzung der Traglast auf den Kunden.

Vorsteuer

Die Vorsteuer ist eine Forderung gegenüber dem zuständigen Finanzamt. Vorsteuerabzugsberechtigte Unternehmer dürfen sich diese im Rahmen der Umsatzsteuer-Voranmeldung beim zuständigen Finanzamt zurückfordern. Voraussetzung ist unter anderem eine ordnungsgemäße Rechnung im Sinne des § 14 UStG.

Zahllast

Die Umsatzsteuer-Zahllast ergibt sich, wenn die Traglast höher ist als die abzuziehende Vorsteuer. Der Unternehmer hat also höhere umsatzsteuerpflichtige Umsätze als vorsteuerrelevante Ausgaben.

Der Vorsteuerabzug im Rahmen des Umsatzsteuersystems im Inland

3

Die *Umsatzsteuer* ist die einkommensstärkste Steuer innerhalb Deutschlands. Als *Gemeinschaftssteuer* steht sie Bund, Ländern und Gemeinden gemeinschaftlich zu. Sie gehört als *Verbrauchssteuer* – eine Steuer, welche an den Verbrauch von Gütern bzw. an die Inanspruchnahme von Leistungen geknüpft ist – zu den *indirekten Steuern*. Eine indirekte Steuer ist dadurch geprägt, dass *Steuerschuldner* (Person, welche die Steuer gegenüber dem Finanzamt schuldet) und *Steuerträger* (Person, welche die Steuer wirtschaftlich belastet) *zwei unterschiedliche Personen* sind.

Die bei Kauf von betrieblichen Gütern oder Dienstleistungen durch den Unternehmer gezahlte Umsatzsteuer kann von diesem, sofern er selbst umsatzsteuerpflichtige Umsätze erbringt, als sogenannte *Vorsteuer* vom Finanzamt zurückgefordert werden.

Der Vorsteuerabzug, welcher nur von umsatzsteuerpflichtigen Unternehmern vorgenommen werden darf, ist im § 15 UStG geregelt:

§ 15 (1) UStG – Vorsteuerabzug

(1) Der *Unternehmer* kann die folgenden Vorsteuerbeträge abziehen:
1. die *gesetzlich geschuldete Steuer* für Lieferungen und sonstige Leistungen, die von einem *anderen Unternehmer für sein Unternehmen* ausgeführt worden sind. Die *Ausübung des Vorsteuerabzugs* setzt voraus, dass der Unternehmer eine nach den *§§ 14, 14a ausgestellte Rechnung* besitzt [...],
2. die entstandene *Einfuhrumsatzsteuer* [...]
3. die Steuer für den *innergemeinschaftlichen Erwerb* [...];
4. die Steuer für Leistungen im Sinne des *§ 13b Absatz 1 und 2*, die für sein Unternehmen ausgeführt worden sind. [...] [6]

© Springer Fachmedien Wiesbaden 2015
K. Nickenig, *Die elektronische Rechnung*, essentials,
DOI 10.1007/978-3-658-11304-9_3

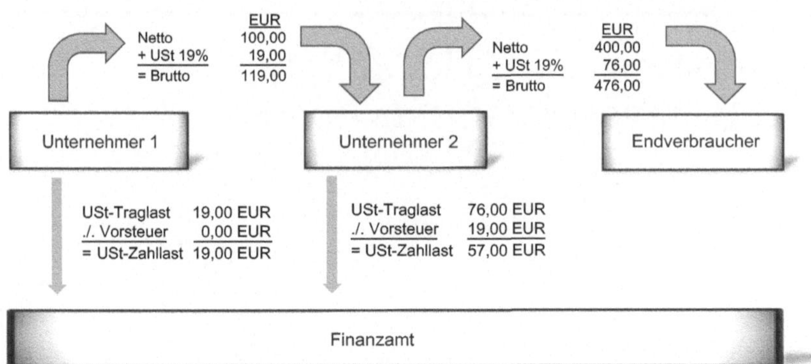

Abb. 3.1 Umsatzsteuer-System im Inland. (Quelle: Karin Nickenig Praxisleitfaden Steuer-recht für Existenzgründer)

Mit der Umsatzsteuer belastet wird der Endverbraucher, der *nicht* zum Vorsteuer-abzug berechtigt ist (z. B. Nichtunternehmer, Kleinunternehmer, Unternehmer ohne Vorsteuerabzugsberechtigung) (Abb. 3.1).

Das Umsatzsteuersystem kann vereinfacht wie in Abb. 3.1 Umsatzsteuer-System im Inland dargestellt werden:

Zum besseren Verständnis erfolgt die Erläuterung der vorgenannten Abbildung aus der Sichtweise der jeweils betroffenen Person.

Umsatzsteuerliche Situation Unternehmer 1
Unternehmer 1 verkauft an Unternehmer 2 z. B. einen Gegenstand für netto 100,00 EUR (Entgelt) und überwälzt auf den Kunden (Unternehmer 2) die hie-rauf entfallende – vom Gesetzgeber vorgeschriebene – Umsatzsteuer in Höhe von 19,00 EUR (19 % von 100,00 EUR). Unternehmer 2 muss somit an Unter-nehmer 1 den Bruttobetrag in Höhe von 119,00 EUR entrichten. Im Rahmen der Umsatzsteuer-Voranmeldung hat Unternehmer 1 seine umsatzsteuerpflichtigen Erlöse beim Finanzamt per ELSTER (Elektronische Steuererklärung) anzumel-den. Von der Umsatzsteuer-Traglast (19,00 EUR) kann Unternehmer 1 die Vor-steuer (0,00 EUR) abziehen. Die sich hieraus ergebende Umsatzsteuer-Zahllast (19,00 EUR) ist bis zum 10. des Folgemonats an die zuständige Finanzkasse zu entrichten.

Umsatzsteuerliche Situation Unternehmer 2
Unternehmer 2 zahlt den Bruttobetrag in Höhe von 119,00 EUR inkl. 19 % USt für die nachgefragte Ware. Vorausgesetzt, er erhält von Unternehmer 1 eine im Sinne des § 14 (4) UStG ordnungsgemäße Rechnung, hat er das Recht, sich die

Vorsteuer (seine vom ihm an Unternehmer 1 gezahlte Umsatzsteuer) im Rahmen der Umsatzsteuer-Voranmeldung zurückzufordern. Das bedeutet, dass die Umsatzsteuer, die er an Unternehmer 1 zahlt, ihn als Abnehmer wirtschaftlich nicht belastet, sondern für ihn eine *Durchlaufsteuer* darstellt. Da er als kaufmännisch vernünftig denkender Unternehmer Gewinne erzielen möchte, verkauft er z. B. an einen Nichtunternehmer die vorgenannte Ware zu einem Preis von z. B. netto 400,00 EUR zzgl. 19 % USt (76,00 EUR) = 476,00 EUR. In seiner Umsatzsteuer-Voranmeldung zieht Unternehmer 2 von der Traglast in Höhe von 76,00 EUR die Vorsteuer (19,00 EUR) ab und muss bis zum 10. des Folgemonats die Umsatzsteuer-Zahllast in Höhe von 57,00 EUR entrichten.

Umsatzsteuerliche Situation Nichtunternehmer

Der Nichtunternehmer hat den vollen Betrag in Höhe von 476,00 EUR an den Unternehmer 2 zu zahlen. Die Möglichkeit des Vorsteuerabzugs ist ihm nicht gegeben, da es sich nicht um einen umsatzsteuerlichen Unternehmer im Sinne des § 2 UStG handelt.

Papierrechnung oder elektronische Rechnung – Rechtsgrundlagen

4

Wie in *Kap. 3 Der Vorsteuerabzug im Rahmen des Umsatzsteuersystems im Inland* dargestellt wurde, ist der mögliche Anspruch auf Erstattung der Vorsteuer durch das Finanzamt der Grund für die Berücksichtigung der zentralen Vorschrift des § 14 UStG *Ausstellung von Rechnungen.*

Diese Vorschrift ist aber nicht nur – wie oben dargestellt – zur Prüfung einer Eingangsrechnung (Lieferantenrechnung) relevant. Sie ist auf jeden Fall auch bei Erstellung von Ausgangsrechnungen (Rechnungen an den Kunden) zwingend zu berücksichtigen.

Ist ein Unternehmer nicht zum Vorsteuerabzug berechtigt, muss er die Eingangsrechnungen auch nicht im Hinblick auf vorgenannte Vorschrift überprüfen.

4.1 Die Rechnung im Umsatzsteuerrecht

Wie in Kap. 3 *Der Vorsteuerabzug im Rahmen des Umsatzsteuersystems im Inland* aufgezeigt wurde, kann ein Unternehmer die *Vorsteuer* im Rahmen seiner Umsatzsteuer-Voranmeldung von der erklärten Umsatzsteuer-Traglast in Abzug bringen. Voraussetzung hierfür ist, dass er eine ordnungsgemäße Rechnung im Sinne der §§ 14 ff. UStG vorweisen kann. Dies gilt sowohl für klassische Papierrechnungen als auch für die moderne elektronische Rechnung. Im Folgenden erhalten Sie einige wesentliche Informationen u. a. zu relevanten Rechnungsmerkmalen, Fahrausweisen, Kleinbetragsrechnungen u.ä., welche meist zum Tagesgeschäft eines jeden umsatzsteuerpflichtigen Unternehmers zählen.

© Springer Fachmedien Wiesbaden 2015
K. Nickenig, *Die elektronische Rechnung,* essentials,
DOI 10.1007/978-3-658-11304-9_4

4.1.1   Die (elektronische) Rechnung als Dokument (§ 14 (1) UStG)

Grundsätzlich kann ein Unternehmer frei entscheiden, ob er *Papierrechnungen* oder *elektronische Rechnungen* in seinem Unternehmen einsetzt:

§ 14 (1) UStG – Ausstellung von Rechnungen

(1) [...] Rechnungen sind auf Papier oder vorbehaltlich der Zustimmung des Empfängers elektronisch zu übermitteln. Eine elektronische Rechnung ist eine Rechnung, die in einem elektronischen Format ausgestellt und empfangen wird [...] [7].

Eine elektronische Rechnung, die also *explizit* durch den Empfänger akzeptiert werden muss, kann z. B. wie folgt vom Aussteller zum Empfänger übermittelt werden:

- E-Mail mit pdf-Anhang
- E-Mail ohne pdf-Anhang
- Web-Download
- Elektronische Post u. a.

Das Umsatzsteuerrecht weist ausdrücklich darauf hin, dass die (elektronische) Rechnung ein *Dokument* ist, welches auch als solches behandelt werden muss:

§ 14 (1) UStG – Ausstellung von Rechnungen

(1) *Rechnung* ist jedes *Dokument*, mit dem über eine Lieferung oder sonstige Leistung abgerechnet wird, gleichgültig, wie dieses *Dokument* im Geschäftsverkehr bezeichnet wird [...] [7].

Neben *Echtheit der Herkunft* und *Lesbarkeit* fordert der Gesetzgeber auch die *Unversehrtheit des Inhalts*.

Das bedeutet, dass Änderungen von Rechnungsinhalten nur von denjenigen vorgenommen werden dürfen, welche die zu ändernden Rechnungen *ausgestellt* haben (Rechnungsaussteller). Sollte eine Rechnung durch den Aussteller geändert worden sein, muss diese dem Rechnungsempfänger zur Verfügung gestellt werden, damit dieser die Daten im Rahmen seiner Buchhaltung/Aufzeichnung berücksichtigen kann:

§ 14 (1) UStG – Ausstellung von Rechnungen

[…] (1)Die Echtheit der Herkunft der Rechnung, die *Unversehrtheit ihres Inhalts* und ihre Lesbarkeit müssen gewährleistet werden. […] *Unversehrtheit des Inhalts* bedeutet, dass die nach diesem Gesetz erforderlichen Angaben nicht geändert wurden […] [7].

Fehlt nur eine der vorgenannten Voraussetzungen, ist der Vorsteuerabzug *nicht erlaubt*.

Auf die Merkmale *Echtheit der Herkunft* und *Lesbarkeit* wird noch im Verlauf dieses Essentials u. a. in Kap. 5 *Die elektronische Rechnung unter Berücksichtigung der GoBD (BMF-Schreiben vom 14. November 2014)* eingegangen.

4.1.2   Relevante Rechnungsmerkmale für den Vorsteuerabzug (§ 14 (4) UStG)

Damit der *Vorsteuerabzug* gewährleistet ist – völlig gleichgültig, ob es sich um eine elektronische oder klassische Papierrechnung handelt – muss die zentrale Vorschrift des § 14 (4) UStG beachtet werden. Eine Rechnung muss demnach – sämtlich – folgende Merkmale beinhalten:

§ 14 (4) UStG – Ausstellung von Rechnungen

[…]
  (4) Eine Rechnung muss folgende Angaben enthalten:

1. den *vollständigen Namen* und die *vollständige Anschrift* des *leistenden Unternehmers* und des *Leistungsempfängers*,
2. die dem leistenden Unternehmer […] erteilte *Steuernummer* […] oder *Umsatzsteuer-Identifikationsnummer*,
3. das *Ausstellungsdatum*,
4. eine fortlaufende Nummer […] (*Rechnungsnummer*),
5. die Menge und die Art (*handelsübliche Bezeichnung*) der gelieferten Gegenstände oder den Umfang und die Art der sonstigen Leistung,
6. den Zeitpunkt der Lieferung oder sonstigen Leistung; […] den *Zeitpunkt der Vereinnahmung des Entgelts oder eines Teils des Entgelts* […],
7. das nach *Steuersätzen* und einzelnen *Steuerbefreiungen aufgeschlüsselte Entgelt* […] sowie jede *im Voraus vereinbarte Minderung* des Entgelts, […]

8. den *anzuwendenden Steuersatz* sowie den auf das Entgelt entfallenden *Steuerbetrag* oder im Fall einer *Steuerbefreiung* einen Hinweis darauf, dass für die Lieferung oder sonstige Leistung eine Steuerbefreiung gilt,

9. in den Fällen des § 14b Abs. 1 Satz 5 einen Hinweis auf die *Aufbewahrungspflicht des Leistungsempfängers* und

10. in den Fällen der *Ausstellung der Rechnung durch den Leistungsempfänger* oder durch einen von ihm beauftragten Dritten [...] die Angabe *„Gutschrift"* [...] [7].

Hier nochmal in der Zusammenfassung:

1. Vollständiger Name und vollständige Anschrift beider Vertragsparteien
2. Steuernummer oder Umsatzsteuer-Identifikationsnummer des Ausstellers
3. Ausstellungsdatum
4. Rechnungsnummer
5. Handelsübliche Bezeichnung der bezogenen Leistung (Ware oder Dienstleistung)
6. Zeitpunkt der Vereinnahmung von Entgelt oder Teilentgelt
7. Nach Steuersatz oder Steuerbefreiungen aufgeschlüsseltes Entgelt sowie im Voraus vereinbarte Preisnachlässe
8. Steuersatz bzw. Hinweis auf Steuerbefreiung
9. Aufbewahrungspflicht des Leistungsempfängers (§ 14b UStG)
10. Angabe „Gutschrift" bei Ausstellung der Rechnung durch Leistungsempfänger

▶   Diese vorgenannten Merkmale *müssen* stets *insgesamt korrekt* in der elektronischen bzw. Papierrechnung vorhanden sein, damit der Vorsteuerabzug beim Leistungsempfänger möglich ist!

4.1.3   Elektronische Signatur (§ 14 (3) UStG)

Bis zum Jahr 2011 mussten elektronische Rechnungen aus Sicht des Gesetzgebers *elektronisch signiert* sein oder per *EDI (Electronic-Data-Interchange)-Verfahren* elektronisch übermittelt werden, damit ein Vorsteuerabzug möglich war. Hiermit sollte die *Echtheit der Herkunft* sowie die *Unversehrtheit des Inhaltes* im Sinne des § 14 (1) UStG gewährleistet werden.

Seitdem wurden die Regelungen zur elektronischen Rechnungserstellung durch den Gesetzgeber erheblich vereinfacht. Elektronische Signaturen oder besondere Übermittlungsverfahren sind *diesbezüglich nicht mehr zwingend vorgeschrieben*, wie § 14 (3) UStG beweist:

§ 14 (3) UStG – Ausstellung von Rechnungen

[…]

(3) *Unbeschadet anderer nach Absatz 1 zulässiger Verfahren* gelten bei einer elektronischen Rechnung die *Echtheit der Herkunft* und die *Unversehrtheit des Inhalts* als gewährleistet durch

1. eine *qualifizierte elektronische Signatur* oder eine *qualifizierte elektronische Signatur mit Anbieter-Akkreditierung* […]
2. *elektronischen Datenaustausch* (EDI) […] [7].

Auf eine Erläuterung der einzelnen Signaturarten wird an dieser Stelle verzichtet.

Es ist jedoch abschließend zu erwähnen, dass der Nutzer der vorgenannten Verfahren in der Regel davon ausgehen kann, dass er im Sinne des Umsatzsteuergesetzes die *Forderung nach einem innerbetrieblichen Kontrollverfahren* mit dieser Vorgehensweise erfüllt. Im Zweifel sollte auch hier der steuerliche Berater befragt werden.

4.1.4 Innerbetriebliche Kontrollverfahren

Die innerbetrieblichen Kontrollverfahren dienen dazu, die unverfälschte und korrekte Übertragung der Rechnung auf elektronischem Wege sicherstellen. Hierzu äußerte sich das Bundesfinanzministerium am 02. Juli 2012 u. a. wie folgt:

BMF-Schreiben 02.Juli 2012 – Umsatzsteuer; Vereinfachung der elektronischen Rechnungsstellung zum 1. Juli 2011 durch das Steuervereinfachungsgesetz 2011

„[…] Eine *inhaltlich richtige* Rechnung (gemeint: richtige Leistung, richtiger Leistender, richtiges Entgelt, richtiger Zahlungsempfänger) rechtfertigt die Annahme, dass bei der Übermittlung keine die *Echtheit der Herkunft* oder die *Unversehrtheit des Inhalts* beeinträchtigenden Fehler vorgekommen sind. D. h. die Rechnung wurde weder ge- noch verfälscht oder auf andere Weise verändert; die Rechnung entspricht der erbrachten Leistung […] [3].

Nach vorgenanntem BMF-Schreiben ist es möglich, die innerbetriebliche Kontrolle z. B. anhand des *manuellen Abgleichs* der entsprechenden elektronischen Rechnung mit im Betrieb vorhandenen Bestellungen, Kaufverträgen, Überweisungs- oder Zahlungsbelegen o.ä. durchzuführen. Ein bestimmtes technisches Verfahren zur Überprüfung ist lt. Finanzverwaltung *nicht* vorgesehen. Eine Dokumentation des Vorgangs ist in der Regel nicht verpflichtend. Jedoch ist der umsatzsteuerpflichtige Unternehmer immer noch gesetzlich dazu angehalten, die Voraussetzungen für den Vorsteuerabzug entsprechend nachzuweisen.

4.1.5 Unrichtiger oder unberechtigter Steuerausweis (§ 14c UStG)

In Fällen, wo ein *unrichtiger* oder ein *unberechtigter Steuerausweis* in der Rechnung erfolgt ist, greift § 14c UStG.

Unrichtiger Steuerausweis

Bei einem *unrichtigen Steuerausweis* (z. B. zu hoher Steuerausweis) hat der Rechnungsaussteller auch den höheren Betrag an die Finanzbehörde zu entrichten.

§ 14c (1) AO – Unrichtiger oder unberechtigter Steuerausweis

(1) Hat der Unternehmer in einer Rechnung für eine Lieferung oder sonstige Leistung einen *höheren Steuerbetrag*, als er nach diesem Gesetz für den Umsatz schuldet, gesondert ausgewiesen (*unrichtiger Steuerausweis*), schuldet er auch den Mehrbetrag. Berichtigt er den Steuerbetrag gegenüber dem Leistungsempfänger, ist § 17 Abs. 1 entsprechend anzuwenden […] [8].

Eine Korrektur durch den Aussteller ist nach vorgenannter Vorschrift also erlaubt. Wird die Rechnung durch den Aussteller berichtigt, hat der vorsteuerabzugsberechtigte Leistungsempfänger die Vorsteuer entsprechend zu korrigieren.

§ 17(1) UStG – Änderung der Bemessungsgrundlage

(1) Hat sich die Bemessungsgrundlage für einen steuerpflichtigen Umsatz im Sinne des § 1 Abs. 1 Nr. 1 geändert, hat der Unternehmer, der diesen Umsatz ausgeführt hat, den dafür geschuldeten Steuerbetrag zu berichtigen. Ebenfalls *ist der Vorsteuerabzug bei dem Unternehmer, an den dieser Umsatz ausgeführt wurde, zu berichtigen*. Dies gilt nicht, soweit er durch die Änderung der Bemessungsgrundlage wirtschaftlich nicht begünstigt wird […] [9].

Unberechtigter Steuerausweis

Wird die Steuer durch den Rechnungsaussteller ausgewiesen, ohne dass er hierzu berechtigt ist (z. B. Privatperson weist Umsatzsteuer bei Verkauf eines privaten

Pkw an einen Unternehmer aus), dann wird diese Steuer auch der Finanzbehörde geschuldet.

§ 14c (2) – Unrichtiger oder unberechtigter Steuerausweis

[...]

(2) Wer in einer Rechnung einen Steuerbetrag gesondert ausweist, obwohl er zum gesonderten Ausweis der Steuer nicht berechtigt ist (*unberechtigter Steuerausweis*), schuldet den ausgewiesenen Betrag. Das Gleiche gilt, wenn jemand wie ein leistender Unternehmer abrechnet und einen Steuerbetrag gesondert ausweist, obwohl er nicht Unternehmer ist oder eine Lieferung oder sonstige Leistung nicht ausführt. Der nach den Sätzen 1 und 2 geschuldete Steuerbetrag *kann berichtigt* werden, soweit die *Gefährdung des Steueraufkommens beseitigt* worden ist. Die Gefährdung des Steueraufkommens ist beseitigt, *wenn ein Vorsteuerabzug beim Empfänger der Rechnung nicht durchgeführt oder die geltend gemachte Vorsteuer an die Finanzbehörde zurückgezahlt worden ist.* Die Berichtigung des geschuldeten Steuerbetrags ist beim Finanzamt gesondert schriftlich zu beantragen und nach dessen Zustimmung [...] für den Besteuerungszeitraum vorzunehmen [...] [8].

Der *Rechnungsempfänger* ist also im vorliegenden Fall trotz Ausweis der Umsatzteuer nicht zum Vorsteuerabzug berechtigt, da dieser Ausweis *unberechtigt* war. Die Privatperson gehört nicht zur Gruppe der umsatzsteuerlichen Unternehmer im Sinne des § 2 UStG, welche bestimmte Tätigkeiten in gewerblicher oder beruflicher Form selbständig ausübt. Hat der Rechnungsempfänger den Abzug der Vorsteuer dennoch vorgenommen, ist dieser *umgehend* von ihm zu *korrigieren* und der Finanzbehörde zurückzuzahlen.

▶   Ein Vorsteuerabzug durch den Rechnungsempfänger ist beim *unberechtigten Steuerausweis* nicht erlaubt! Das Steueraufkommen darf nicht gefährdet werden!

4.1.6   Rechnungskorrektur (§ 14 (6) UStG)

Eine *formelle* und *materielle unrichtige Rechnung* ist stets zeitnah *vom Rechnungsaussteller* zu korrigieren, da der Vorsteuerabzug beim Leistungsempfänger ansonsten gefährdet bzw. ausgeschlossen ist. Wurde bereits vom Leistungsempfänger die Vorsteuer gezogen und wird dies im Rahmen einer zukünftig stattfindenden Außenprüfung beanstandet, ist der finanzielle Schaden häufig nicht unerheblich.

Denn: neben Rückzahlung der zu Unrecht gezogenen Vorsteuer kommen häufig noch hohe Nachzahlungszinsen hinzu.

§ 14 (6) UStG – Ausstellung von Rechnungen

[…] (6) Das Bundesministerium der Finanzen kann mit Zustimmung des Bundesrates zur Vereinfachung des Besteuerungsverfahrens durch Rechtsverordnung bestimmen, in welchen Fällen und unter welchen Voraussetzungen

1. Dokumente als Rechnungen anerkannt werden können,
2. die nach Absatz 4 erforderlichen Angaben in mehreren Dokumenten enthalten sein können,
3. Rechnungen bestimmte Angaben nach Absatz 4 nicht enthalten müssen,
4. eine Verpflichtung des Unternehmers zur Ausstellung von Rechnungen mit gesondertem Steuerausweis (Absatz 4) entfällt oder
5. *Rechnungen berichtigt werden können* […] [7].

▶   Jeder Leistungsempfänger hat ein Recht auf eine umsatzsteuerlich korrekt ausgestellte Rechnung!

4.2   Kleinbetragsrechnungen (§ 33 UStDV)

Die *Kleinbetragsrechnung* ist ebenfalls eine Besonderheit im Umsatzsteuerrecht, da es hier dem Rechnungsempfänger erlaubt wird, die Vorsteuer aus dem Gesamtbetrag der Rechnung (Bruttobetrag) zu ziehen, sofern alle relevanten Merkmale auf der Rechnung im Sinne des § 33 UStDV zu finden sind:

§ 33 UStDV – Rechnungen über Kleinbeträge

Eine Rechnung, deren *Gesamtbetrag 150 Euro* nicht übersteigt, muss *mindestens* folgende Angaben enthalten:

1. den *vollständigen Namen* und die *vollständige Anschrift* des *leistenden Unternehmers,*
2. das *Ausstellungsdatum,*
3. die *Menge* und die *Art* der gelieferten *Gegenstände* oder den Umfang und die Art der *sonstigen Leistung* und

4. das *Entgelt* <u>und</u> den darauf entfallenden *Steuerbetrag* für die Lieferung oder sonstige Leistung <u>*in einer Summe*</u> sowie den anzuwendenden *Steuersatz* oder im Fall einer Steuerbefreiung einen Hinweis darauf, dass für die Lieferung oder sonstige Leistung eine *Steuerbefreiung* gilt [10].

Liegt nur einer der vorgenannten Merkmale nicht vor (z. B. gültiger Steuersatz fehlt), ist der Vorsteuerabzug nicht erlaubt. Hierbei ist es wiederum völlig unerheblich, ob eine Papierrechnung oder elektronische Rechnung vorliegt.

4.3   Fahrausweise (§ 34 UStDV)

Für die elektronischen Fahrausweise gelten u. a. die Vorgaben der Umsatzsteuer-Durchführungsverordnung:

§ 34 (1) UStDV – Fahrausweise als Rechnungen

(1) Fahrausweise, die für die Beförderung von Personen ausgegeben werden,*gelten als Rechnungen* im Sinne des § 14 des Gesetzes, wenn sie mindestens die folgenden Angaben enthalten:

1. den vollständigen Namen und die vollständige Anschrift des Unternehmers, der die Beförderungsleistung ausführt. § 31 Abs. 2 ist entsprechend anzuwenden
2. das Ausstellungsdatum
3. das Entgelt und den darauf entfallenden Steuerbetrag in einer Summe
4. den anzuwendenden Steuersatz, wenn die Beförderungsleistung nicht dem ermäßigten Steuersatz nach § 12 Abs. 2 Nr. 10 des Gesetzes unterliegt und
5. im Fall der Anwendung des § 26 Abs. 3 des Gesetzes einen Hinweis auf die grenzüberschreitende Beförderung von Personen im Luftverkehr.

Auf Fahrausweisen der Eisenbahnen, die dem öffentlichen Verkehr dienen, kann an Stelle des Steuersatzes die Tarifentfernung angegeben werden [...] [11].

Ein Vorsteuerabzug ist demnach möglich, wenn die vorgenannten Voraussetzungen bzgl. des jeweiligen Fahrausweises insgesamt vorliegen und z. B. das Bankkonto des Bahnkunden belastet wurde und ein Ausdruck des Fahrausweises in Papierform vorliegt.

Belege von Mietwagen und Taxen gehören nicht zu den klassischen Fahrausweisen. Für diese Art der Belege gelten die allgemeinen Vorschriften für Rechnungserstellung bzw. für den Fall, dass der *Bruttobetrag bis zu 150,00 EUR* ausmacht, die Vorschriften zur Kleinbetragsrechnung im Sinne des § 33 UStDV.

4.4 Aufbewahrungspflichten (§ 14b UStG)

Die *Aufbewahrungspflichten* sind ein Teil der steuerlichen und handelsrechtlichen Buchführungs- und Aufzeichnungspflichten, wie man den vor kurzem veröffentlichten GoBD (Grundsätze zur ordnungsmäßigen Führung von Büchern, Aufzeichnungen und Unterlagen in elektronischer Form sowie zum Datenzugriff) [1] entnehmen kann. Da die Pflicht zur Aufbewahrung wichtiger Unterlagen für Buchhaltung bzw. Aufzeichnung eine wesentliche Rolle in dem vor kurzem erschienen Schreiben des Bundesfinanzministeriums spielt, wird auch an späterer Stelle dieses Essentials nochmals hierauf eingegangen Abschn. 5.7 *Aufbewahrungspflicht.*

Alle relevanten Belege, sowohl elektronische als auch klassische Belege in Papier, müssen vom Unternehmer für einen Zeitraum von *mindestens 10 Jahren* aufbewahrt werden. Die Frist für Zwecke der Aufbewahrung beginnt mit dem Ende des Wirtschaftsjahres, in dem die betreffende Rechnung ausgestellt wurde.

§ 14b (1) UStG – Aufbewahrung von Rechnungen

(1) Der *Unternehmer* hat ein *Doppel der Rechnung,* die er selbst oder ein Dritter in seinem Namen und für seine Rechnung ausgestellt hat, sowie alle Rechnungen, die er erhalten oder die ein Leistungsempfänger oder in dessen Namen und für dessen Rechnung ein Dritter ausgestellt hat, *zehn Jahre* aufzubewahren. Die Rechnungen müssen für den gesamten Zeitraum die Anforderungen des § 14 Absatz 1 Satz 2 erfüllen. Die Aufbewahrungsfrist beginnt *mit dem Schluss* des Kalenderjahres, in dem die Rechnung ausgestellt worden ist; […] [12].

Für *Nichtunternehmer,* welche z. B. Rechnungen im Rahmen von Grundstücksgeschäften erhalten, gilt hinsichtlich der *Aufbewahrungspflicht von Rechnungen* die Vorschrift des § 14b (1) S. 5 UStG.

Hiervon betroffen sind auch *Unternehmer,* welche Rechnungen vorgenannter Art aber *für den nichtunternehmerischen Bereich* erhalten. Die vorgenannten Unterlagen und sonstigen Belege sind *zwei Jahre* aufzubewahren:

§ 14b (1) S. 5 UStG – Aufbewahrung von Rechnungen

[…] In den Fällen des § 14 Abs. 2 Satz 1 Nr. 1 hat der Leistungsempfänger die *Rechnung*, einen *Zahlungsbeleg* oder eine *andere beweiskräftige Unterlage zwei Jahre* gemäß den Sätzen 2 und 3 aufzubewahren, soweit er

1. nicht Unternehmer ist oder
2. Unternehmer ist, aber die Leistung für seinen nichtunternehmerischen Bereich verwendet […] [12].

► Werden *Aufbewahrungspflichten* nicht oder nur unzureichend beachtet, können Sanktionen wie z. B. *Geldbußen* oder *Schätzung der Besteuerungsgrundlagen* die Konsequenz der Missachtung dieses wesentlichen Grundsatzes sein.

Die elektronische Rechnung unter Berücksichtigung der GoBD (BMF-Schreiben vom 14. November 2014)

5

Das vorliegende Kapitel basiert auf dem Schreiben des Bundesfinanzministeriums „Grundsätze zur ordnungsgemäßen Führung und Aufbewahrung von Büchern, Aufzeichnungen und Unterlagen in elektronischer Form sowie zum Datenzugriff (GoBD)", Dokument-Nr. 201470353090 vom 14. November 2014 (Originalquelle) [1].

Die nachfolgenden Abschnitte beinhalten ausgewählte Auszüge der GoBD, die sinngemäß in Teilen übernommen wurden. Ein Anspruch auf Vollständigkeit wird nicht erhoben.

> ▶ Für Praxisfälle ist das **gesamte** BMF-Schreiben zu beachten!

5.1 Allgemeine Anmerkungen

Für die elektronische Rechnung gelten nach § 14 UStG die *gleichen Voraussetzungen* wie für klassische Papierrechnungen. Daher sind auch die aktuell geltenden, vom Bundesfinanzministerium im November 2014 veröffentlichten, GoBD für elektronische Belege relevant.

Es erfolgt hierin eine *praxisgerechte Zusammenfassung* der Anforderungen an eine elektronisch gestützte Buchführung. Ebenfalls besteht die Absicht, *rechtliche Klarheit* beim buchführungs- bzw. aufzeichnungspflichtigen Unternehmer zu schaffen.

Die GoBD *ersetzt* ab dem 01. Januar 2015 die GDPdU (Grundsätze zum Datenzugriff und zur Prüfbarkeit digitaler Unterlagen) [1] und die GoBS (Grundsätze ordnungsmäßiger DV-gestützter Buchführungssysteme) [4].

© Springer Fachmedien Wiesbaden 2015
K. Nickenig, *Die elektronische Rechnung,* essentials,
DOI 10.1007/978-3-658-11304-9_5

Das aktuelle Schreiben der Finanzverwaltung zur GoBD (kurz: BMF GoBD) befasst sich u. a. ausführlich mit der *Relevanz von Aufzeichnungs- und Buchführungspflichten* für Zwecke der Besteuerung.

▶   Wichtig: die Vorgaben gelten sowohl für *buchführungspflichtige* als auch *aufzeichnungspflichtige* Unternehmer!

Grundsätzlich ist es erlaubt, die relevanten Buchführungs- bzw. Aufzeichnungsbelege auf *Datenträgern* zu speichern, sofern die *Grundsätze der ordnungsgemäßen Buchführung (GoB)* eingehalten werden.

Gesetzliche Vorgaben finden sich diesbezüglich in der Abgabenordnung:

§ 146 (5) AO – Ordnungsvorschriften für die Buchführung und für Aufzeichnungen

[…]

(5) Die *Bücher* und die sonst erforderlichen Aufzeichnungen können auch *in der geordneten Ablage von Belegen* bestehen oder auf *Datenträgern* geführt werden, *soweit* diese Formen der Buchführung einschließlich des dabei angewandten Verfahrens den *Grundsätzen ordnungsmäßiger Buchführung entsprechen*; bei *Aufzeichnungen*, die allein nach den Steuergesetzen vorzunehmen sind, bestimmt sich die Zulässigkeit des angewendeten Verfahrens nach dem Zweck, den die Aufzeichnungen für die Besteuerung erfüllen sollen. […] [13].

Welches *Datenverarbeitungssystem* der Steuerpflichtige einsetzt bzw. auf welche Weise die für die Buchführung oder Aufzeichnung relevanten Belege verarbeitet oder archiviert werden, bleibt ihm lt. Finanzverwaltung selbst überlassen. Wichtig ist, dass der Unternehmer gewährleisten kann, dass er die Spielregeln oder besser gesagt die Grundsätze der ordnungsgemäßen Buchhaltung (GoB) für die Dauer der Aufbewahrungsfrist sicherstellt. Die Kosten hierfür trägt stets der steuerpflichtige Unternehmer selbst.

5.2 GoB – Grundsätze ordnungsgemäßer Buchführung

Die Grundsätze ordnungsgemäßer Buchführung (GoB) sind *zum Teil gesetzlich festgeschriebene* Vorgaben, zum Teil entsprechen sie *kaufmännischem Brauch*.

Mit Hilfe der GoB soll gewährleistet werden, dass sachverständige Dritte über die tatsächliche Ertrags- bzw. Vermögenssituation des Unternehmens nicht hinweggetäuscht werden und eine korrekte Besteuerung durch die Finanzbehörde ermöglicht wird.

Im Folgenden werden – unter Berücksichtigung der GoBD – einige wenige der formellen und materiellen Anforderungen an die Buchführung dargestellt, ohne einen Anspruch auf Vollständigkeit zu erheben.

5.2.1   Grundsatz der Nachvollziehbarkeit und der Nachprüfbarkeit (formeller Ansatz)

Sowohl die AO als auch das HGB beinhalten Vorgaben zur *Nachvollziehbarkeit* und *Nachprüfbarkeit* von im Datenverarbeitungssystem erfassten Geschäftsvorfällen, die im BMF-Schreiben vom 14. November 2014 zur GoBD [1] aufgegriffen werden.

Der Steuerpflichtige muss u. a. auch dafür Sorge tragen, dass alle Aufzeichnungen bzw. Buchungssätze mittels Beleg nachgewiesen (*Belegprinzip*) und die Daten –für die Dauer des Aufbewahrungszeitraums- *nachvollziehbar* und *nachprüfbar* erfasst werden. Ein sachverständiger Dritter muss sich zeitnah einen Überblick über die wirtschaftliche Situation des Unternehmens machen können (vgl. BMF; GoBD, Rz. 30–35).

§ 145 AO – Allgemeine Anforderungen an Buchführung und Aufzeichnungen

(1) Die Buchführung muss so beschaffen sein, dass sie einem sachverständigen Dritten innerhalb angemessener Zeit einen Überblick über die Geschäftsvorfälle und über die Lage des Unternehmens vermitteln kann. Die Geschäftsvorfälle müssen sich in ihrer Entstehung und Abwicklung verfolgen lassen.

(2) Aufzeichnungen sind so vorzunehmen, dass der Zweck, den sie für die Besteuerung erfüllen sollen, erreicht wird [14].

Auch das Handelsrecht lässt sich diesbezüglich wie folgt aus:

§ 238 HGB – Buchführungspflicht

(1) [...] Die Buchführung muß so beschaffen sein, daß sie einem *sachverständigen Dritten* innerhalb *angemessener Zeit* einen *Überblick über die Geschäftsvorfälle* und über die *Lage des Unternehmens* vermitteln kann. Die Geschäftsvorfälle müssen sich *in ihrer Entstehung und Abwicklung* verfolgen lassen [...] [15].

Das Schreiben des BMF zur GoBD beinhaltet unter Randziffer 34 den Hinweis auf das Erfordernis einer *Verfahrensdokumentation* Abschn. 5.8 *Verfahrensdokumentation* (vgl. BMF; GoBD), die aufgrund ihrer historischen und aktuellen Verfahrensinhalte für die *Nachprüfbarkeit und Nachvollziehbarkeit* der Geschäftsvorfälle sorgen soll.

5.2.2 Grundsatz der Wahrheit, Klarheit und der fortlaufenden Aufzeichnung (materieller Ansatz)

Da für klassische Papierrechnungen als auch für elektronische Rechnungen die gleichen Regeln gelten, sind auch die *Grundsätze von Wahrheit, Klarheit und fortlaufender Aufzeichnung* für beide Rechnungsarten von entscheidender Relevanz.

Das BMF-Schreiben zur GoBD fordert in Rz. 36 eine *vollständige und lückenlose Aufzeichnung* aller betrieblichen Geschäftsvorfälle im DV-System, was sowohl im Handels- als auch im Steuerrecht schriftlich fixiert wurde:

§ 146 (1) AO – Ordnungsvorschriften für die Buchführung und für Aufzeichnungen

(1) Die Buchungen und die sonst erforderlichen Aufzeichnungen sind *vollständig, richtig, zeitgerecht und geordnet* vorzunehmen. Kasseneinnahmen und Kassenausgaben sollen *täglich* festgehalten werden [...] [13].

Das Handelsrecht wartet mit folgender Vorschrift auf:

§ 239 (2) HGB – Führung der Handelsbücher

[...] (2) Die Eintragungen in Büchern und die sonst erforderlichen Aufzeichnungen müssen *vollständig, richtig, zeitgerecht* und *geordnet* vorgenommen werden [...] [16].

Weitere Hinweise zum Thema *Grundsätze der ordnungsgemäßen Buchführung* entnehmen Sie bitte der Originalquelle [1].

5.3 Der Beleg als Beweismittel

Mit Schreiben des BMF zur GoBD [1] wird ausdrücklich darauf hingewiesen, dass *jedem Geschäftsvorfall* ein Beleg zugrunde liegen muss, der als *Beweismittel für den Zusammenhang* zwischen *Realität und erfasstem Geschäftsvorfall* anzusehen ist. Kann ein Originalbeleg nicht vorgewiesen werden, so ist ein *Eigenbeleg* zu erstellen. Der Begriff „*Beleg*" ist nicht zwangsläufig notwendig (vgl. BMF, GoBD, Rz. 61).

Auch bei diesem Grundsatz ist es völlig unerheblich, ob eine klassische Papier- oder moderne elektronische Rechnung Teil der Buchhaltung bzw. Aufzeichnung ist. Für beide gelten die Vorgaben gleichermaßen.

Hat der Steuerpflichtige beispielsweise einen Geschäftsbrief erhalten, welcher relevante Daten für seine Buchführung beinhaltet, so wird dieser erst durch *Kontierung und Eingabe* ins DV-System als Buchungsbeleg anerkannt (vgl. BMF; GoBD, Rz. 63).

Der Beleg kann *einen oder mehrere Geschäftsvorfälle* beinhalten (vgl. BMF; GoBD, Rz. 65).Wichtig ist für den Steuerpflichtigen, dass sowohl elektronische als auch klassische Belege *zeitnah* (d. h. kurz nach Entstehung derselben) durch *physische Ablage* in z. B. Mappen oder auf *elektronischem Wege* gesichert werden (vgl. BMF; GoBD, Rz. 67–70).

Eine Aufzeichnung bzw. die Erfassung von Geschäftsvorfällen muss *chronologisch* erfolgen und *geordnet* dargestellt werden. Für buchführungspflichtige Unternehmer ist insbesondere zu beachten, dass die Erfassung auf Personen- und Sachkonten *getrennt* zu erfolgen hat, damit eine *ordnungsgemäße Darstellung* gewährleistet werden kann (vgl. BMF; GoBD, Rz. 95).

Weitere Hinweise zum Thema *Belegwesen* entnehmen Sie bitte der Originalquelle [1].

5.4 Internes Kontrollsystem (IKS)

Nach vorliegendem BMF-Schreiben (vgl. BMF; GoBD, Rz. 100) hat jeder Steuerpflichtige für die *Ordnungsmäßigkeit* seiner Buchführung bzw. Aufzeichnungen im Rahmen eines *Internen Kontrollsystems* (IKS) zu sorgen. Damit die *Ordnungsmäßigkeit* gewährleistet werden kann, sind entsprechende Kontrollmaßnahmen durchzuführen und Protokolle diesbezüglich zu erstellen. Zu diesen Kontrollen zählen beispielsweise Zugriffsberechtigungs-, Erfassungs-, Abstimmungs- oder Verarbeitungsprotokolle. Jeder Vorgang wird somit auf *Plausibilität und Richtigkeit* hin überprüft.

Es ist auch stets zu kontrollieren, ob das eingesetzte DV-System mit demjenigen übereinstimmt, welches in der Verfahrensdokumentation zu finden ist (vgl. BMF; GoBD, Rz. 101),

Weitere Hinweise zum Thema *Internes Kontrollsystem (IKS)* entnehmen Sie bitte der Originalquelle [1].

5.5 Datensicherheit

Wie bereits oben dargestellt, hat der Steuerpflichtige dafür Sorge zu tragen, dass die relevanten Belege, sowohl elektronische als auch Papierrechnungen- *gegen jegliche Art von Verlust* geschützt werden. Kann ein Beleg z. B. nicht mehr vorgelegt werden, da er gestohlen wurde oder weil er nicht mehr auffindbar ist, verstößt die Buchhaltung gegen die formellen Grundsätze (vgl. BMF, GoBD, Rz. 103 f.).

Welche Konsequenzen den Steuerpflichtigen diesbezüglich erwarten, ist vom jeweiligen Einzelfall abhängig (vgl. BMF, GoBD, Rz. 105).

Der *Vorgang der Datensicherung* sowohl bei elektronischen als auch klassischen Papierrechnungen ist ebenfalls in der Verfahrensdokumentation zu erfassen. (vgl. BMF, GoBD, Rz. 106).

Weitere Hinweise zum Thema *Datensicherheit* entnehmen Sie bitte der Originalquelle [1].

5.6 Änderung von Buchungen

Was die *Veränderbarkeit* von Buchungssätzen oder Aufzeichnungen angeht, verweist das Bundesfinanzministerium im Rahmen seines Schreibens zur GoBD auf die steuerliche Vorschrift der Abgabenordnung:

§ 146 (4) AO – Ordnungsvorschriften für die Buchführung und für Aufzeichnungen

[…]

(4) Eine Buchung oder eine Aufzeichnung darf *nicht* in einer Weise *verändert* werden, dass der *ursprüngliche Inhalt nicht mehr feststellbar* ist. Auch solche Veränderungen dürfen nicht vorgenommen werden, deren Beschaffenheit es ungewiss lässt, ob sie *ursprünglich oder erst später gemacht* worden sind […] [13].

Das eingesetzte DV-System hat nach Auffassung der Finanzverwaltung zu gewährleisten, dass ein einmal erfasster Geschäftsvorfall nicht ohne Hinweis *geändert, gelöscht* oder *verfälscht* werden kann (vgl. BMF, GoBD Rz. 108).

► Der *Grundsatz der Unveränderbarkeit* muss durch das eingesetzte DV-System gewährleistet sein!

Setzt der Steuerpflichtige beispielsweise Software in Form von Manipulationsprogrammen ein, die dazu beitragen, dass im System erfasste Daten *verändert* oder gar *gelöscht* werden, ist die Ordnungsmäßigkeit der Buchführung/Aufzeichnung nicht mehr gegeben (vgl. BMF, GoBD, Rz. 112).

Weitere Hinweise zum Thema *Änderungen von Buchungen* entnehmen Sie bitte der Originalquelle [1].

5.7 Aufbewahrungspflicht

Der BMF weist in seinem Schreiben zur GoBD [1] u. a. darauf hin, dass sowohl buchführungs- als auch aufzeichnungspflichtige Unternehmer erforderliche Belege und Unterlagen *insgesamt aufbewahren und vorlegen* müssen (vgl. BMF, GoBD, Rz. 113–115). Diese Verpflichtung gilt u. a. nach § 147 AO:

§ 147 (1) AO – Ordnungsvorschriften für die Aufbewahrung von Unterlagen

(1) Die folgenden Unterlagen sind geordnet aufzubewahren:

1. Bücher und Aufzeichnungen, Inventare, Jahresabschlüsse, Lageberichte, die Eröffnungsbilanz sowie die zu ihrem Verständnis erforderlichen Arbeitsanweisungen und sonstigen Organisationsunterlagen,

2. die empfangenen Handels- oder Geschäftsbriefe,

3. Wiedergaben der abgesandten Handels- oder Geschäftsbriefe,

4. Buchungsbelege,

4a. Unterlagen, die einer mit Mitteln der Datenverarbeitung abgegebenen Zollanmeldung nach Artikel 77 Abs. 1 in Verbindung mit Artikel 62 Abs. 2 Zollkodex beizufügen sind, sofern die Zollbehörden nach Artikel 77 Abs. 2 Satz 1 Zollkodex auf ihre Vorlage verzichtet oder sie nach erfolgter Vorlage zurückgegeben haben,

5. sonstige Unterlagen, soweit sie für die Besteuerung von Bedeutung sind [...] [17].

Hierbei ist es wiederum völlig unerheblich, ob es sich bei den relevanten Belegen um elektronische oder klassische Papierrechnungen handelt.

Gemäß Auffassung der Finanzverwaltung (vgl. BMF, GoBD, Rz. 117) müssen alle Unterlagen *geordnet aufbewahrt* werden. Der *Steuerpflichtige entscheidet* jedoch, welches Ordnungssystem er verwendet. Wichtig ist bei Einsatz von elektronischen Rechnungen, dass *Eingang* und *Verarbeitung protokolliert* werden und der sachverständige Dritte sich in angemessener Zeit einen Überblick verschaffen kann.

Sofern die *Einhaltung der Grundsätze der ordnungsgemäßen Buchführung sichergestellt* ist, können bestimmte Unterlagen auf Bild- oder sonstigen Datenträgern gespeichert werden. Wichtig ist, dass eine *bildliche und inhaltliche Übereinstimmung* von erfassten und gespeicherten Daten mit den jeweiligen Originalen existiert, wenn diese lesbar gemacht werden. Die relevanten Daten müssen *während des Aufbewahrungszeitraums* u. a. jederzeit *auswertbar, lesbar* und *verfügbar* sein bzw. lesbar und verfügbar gemacht werden können (vgl. BMF; GoBD, Rz. 118).

Aufbewahrungspflichtige (elektronische) Daten, Dokumente und sonstige Unterlagen sind stets während der Aufbewahrungsfrist (unverändert) *im Original aufzubewahren*. Das Löschen dieser Daten während der vorgenannten Frist ist nicht erlaubt (vgl. BMF, GoBD, Rz. 119).

▶   Es ist im Sinne der GoB nicht ausreichend, relevante elektronische Dokumente und Belege nur auszudrucken und in Papierform aufzubewahren. Diese müssen in Originalform während der Aufbewahrungsfrist im Sinne der GoBD archiviert werden!

Hinsichtlich der elektronischen Aufbewahrung weist das Bundesfinanzministerium in Randziffer 130 darauf hin, dass *in Papierform* erhaltene *Geschäfts- und Handelsbriefe* sowie *Buchungsbelege* in das DV-System mittels Scanning erfasst werden können. Es muss jedoch gewährleistet werden, dass das Original bildlich mit dem elektronisch erfassten Beleg übereinstimmt. Das angewendete Verfahren – z. B. eines, bei dem gescannte Papierbelege in elektronische Dokumente umgewandelt werden – ist zu dokumentieren (vgl. BMF, GoBD, Rz. 136).

Relevante Merkmale bzgl. der Organisationsanweisung sind dem gleichen, vorgenannten Abschnitt des BMF-Schreibens zu entnehmen.

Elektronische Unterlagen (Belege, Geschäfts-/Handelsbriefe etc.) müssen im Originalformat (also elektronisch) aufbewahrt werden. Eine Konvertierung in ein anderes Format ist in den Fällen nicht zu beanstanden, wenn eine maschinelle Auswertung möglich ist, ohne dass die Inhalte verändert wurden (vgl. BMF, GoBD, Rz. 131).

Weitere Hinweise zum Thema *Aufbewahrungspflicht* entnehmen Sie bitte der Originalquelle [1].

5.8 Verfahrensdokumentation

Das Bundesfinanzministerium weist in seinem Schreiben zur GoBD in Randziffer 151 darauf hin, dass sich der Grundsatz der Ordnungsmäßigkeit *nicht ausschließlich* auf elektronische Bücher und sonstige Aufzeichnungen beschränkt, sondern u. a. auch das komplexe DV-System betrifft. Jedes der vorgenannten DV-Systeme bedarf einer nachvollziehbar gegliederten *Verfahrensdokumentation,* die ein sachverständiger Dritter *möglichst zeitnah* nachprüfen kann. Wie diese aufgebaut und vom Umfang her gestaltet ist, richtet sich nach der *Organisation* und dem *Einsatz des DV-Systems* im jeweiligen Unternehmern (vgl. BMF, GoBD, Rz. 151).

Sie beinhaltet z. B. Informationen zu Prozessen wie Belegerfassung und -speicherung, Auswertungsmöglichkeiten, Schutz vor Belegverlust u.v.m. (vgl. BMF, GoBD, Rz. 152).

Der steuerpflichtige Unternehmer hat dafür Sorge zu tragen, dass das Verfahren, welches innerhalb der Verfahrensdokumentation dokumentiert wird, der Realität entspricht. Diese Verpflichtung gilt für den *Zeitraum der Aufbewahrungsfrist* (vgl. BMF, GoBD, Rz. 154).

Ist die Verfahrensdokumentation z. B. fehlerhaft, *aber ohne Auswirkung auf die Nachvollziehbarkeit und Nachprüfbarkeit* der erforderlichen Unterlagen, so liegt *kein formeller Mangel* vor (vgl. BMF, GoBD, Rz. 155).

Weitere Hinweise zum Thema *Verfahrensdokumentation* entnehmen Sie bitte der Originalquelle [1].

5.9 Datenzugriff durch Finanzbehörde

Die Finanzverwaltung weist in ihrem Schreiben zur GoBD [1] ausdrücklich darauf hin, dass der Steuerpflichtige stets verpflichtet ist, auf Verlangen der Finanzbehörde die erforderlichen Unterlagen auf Bild- oder Datenträger *umgehend* zur Verfügung zu stellen. Erwartet man aus Sicht der Finanzbehörde z. B. ein Ausdruck der Unterlagen auf Papier, so hat der Steuerpflichtige diesem Wunsch entsprechend nachzukommen. Die Kosten hierfür trägt alleine der steuerpflichtige Unternehmer (vgl. BMF, GoBD, Rz. 156).

§ 147 (6) AO – Ordnungsvorschriften für die Aufbewahrung von Unterlagen

[…]

(6) Sind die Unterlagen […] mit Hilfe eines Datenverarbeitungssystems erstellt worden, hat die Finanzbehörde *im Rahmen einer Außenprüfung* das Recht, Einsicht in die gespeicherten Daten zu nehmen und das Datenverarbeitungssystem zur Prüfung dieser Unterlagen zu nutzen. Sie kann im Rahmen einer Außenprüfung auch verlangen, dass die Daten nach ihren Vorgaben *maschinell ausgewertet* oder ihr die gespeicherten Unterlagen und Aufzeichnungen auf einem *maschinell verwertbaren Datenträger zur Verfügung gestellt* werden. Die Kosten trägt der Steuerpflichtige [17].

Wie vorgenannter Gesetzestext und auch die Finanzverwaltung in ihrem Schreiben zur GoBD vom 14. November 2014 in Randziffer 158 aufzeigen, kann die Finanzbehörde *im Rahmen einer steuerlichen Außenprüfung* auf die Daten des Steuerpflichtigen zugreifen.

Die Prüfungsanordnung regelt den Umfang der durchzuführenden Prüfung:

§ 196 AO – Prüfungsanordnung

Die Finanzbehörde bestimmt den Umfang der Außenprüfung in einer schriftlich zu erteilenden Prüfungsanordnung mit Rechtsbehelfsbelehrung (§ 356) [18].

Hinsichtlich des Datenzugriffes durch die Finanzbehörde unterscheidet die Finanzverwaltung in ihrem Schreiben zur GoBD vom 14. November 2014, Randziffer 165–167 zwischen

- Unmittelbaren Datenzugriff
- Mittelbaren Datenzugriff und der
- Datenträgerüberlassung

Unmittelbarer Datenzugriff

Beim *unmittelbaren Datenzugriff* steht der Finanzbehörde das Recht zu, unmittelbar die Daten im Datenverarbeitungssystem zu *sichten* und zu *prüfen* (*Nur-Lese-Zugriff*). Der Nur-Lese-Zugriff gestattet dem Prüfer die *Einsichtnahme, Filterung* und *Auswertung* der Daten. Die Finanzbehörde hat jedoch *kein* Recht, per Internet auf die Daten des Systems des steuerpflichtigen Unternehmers zuzugreifen (vgl. BMF, GoBD, Rz. 165).

Mittelbarer Datenzugriff
Beim *mittelbaren Datenzugriff* hat die Finanzbehörde das Recht, den Steuerpflichtigen *zur maschinellen Auswertung* der zu prüfenden Daten im Nur-Lesezugriff-Modus aufzufordern (vgl. BMF, GoBD, Rz. 166).

Datenträgerüberlassung
Die Finanzbehörde hat aber auch die Möglichkeit, vom Steuerpflichtigen einen Datenträger mit aufzeichnungs- und aufbewahrungspflichtigen Unterlagen zwecks Prüfung zu verlangen. Das Herunterladen der Daten durch die Finanzbehörde selbst bzw. die Vervielfältigung bestehender Datensicherungen durch den Prüfer ist gemäß BMF-Schreiben zur GoBD, Randziffer 167 nicht zulässig.

Im Rahmen der Datenträgerüberlassung hat die Finanzbehörde die Möglichkeit, die Daten – nach Abstimmung mit dem betreffenden Unternehmer – zu Prüfungszwecken mitzunehmen (vgl. BMF, GoBD, Rz. 168).

Lt. Schreiben der Finanzverwaltung muss der Datenträger spätestens nach Eintritt der Bestandskraft der Außenprüfungsbescheide an den steuerpflichtigen Unternehmer zurückgegeben werden. Die ausgewerteten Daten *müssen gelöscht* werden (vgl. BMF, GoBD, Rz. 169).

Es besteht *Mitwirkungspflicht* auf Seiten des Steuerpflichtigen, welches durch die Abgabenordnung geregelt wird (vgl. BMF, GoBD, Rz. 171):

§ 200 (1) AO – Mitwirkungspflichten des Steuerpflichtigen

(1) Der Steuerpflichtige hat bei der *Feststellung* der Sachverhalte, die für die Besteuerung erheblich sein können, *mitzuwirken*. Er hat insbesondere Auskünfte zu erteilen, Aufzeichnungen, Bücher, Geschäftspapiere und andere Urkunden zur Einsicht und Prüfung vorzulegen, die zum Verständnis der Aufzeichnungen erforderlichen Erläuterungen zu geben und die Finanzbehörde bei Ausübung ihrer Befugnisse nach § 147 Abs. 6 zu unterstützen [...] [20].

Weitere Hinweise zum Thema *Datenzugriff durch die Finanzbehörde* entnehmen Sie bitte der Originalquelle [1].

5.10   Änderungsmitteilung des BMF vom 05.05.2015

Mit Schreiben des Bundesfinanzministeriums vom 05.05.2015 [2] wurde die *Änderung des Umsatzsteuer-Anwendungserlasses(UStAE)* [5] aufgrund der in 2014 veröffentlichten GoBD mitgeteilt.

5.11   Abschließender Hinweis

Zum Abschluss dieses Kapitels, welches nur auszugsweise einige wenige Punkte aus dem BMF-Schreiben zur GoBD beinhaltet, noch eine wichtige Bitte an die Leser dieses Essentials:

►   Bitte klären Sie alle steuerlichen Zweifelsfragen mit ihrem steuerlichen Berater!!!!!

Chancen und Risiken bei Einsatz von elektronischen Rechnungen

6

Beim Einsatz von elektronischen Rechnungen im täglichen Büroalltag sind zahlreiche Chancen, aber auch nicht zu verleugnende Risiken zu erkennen. Einige mögliche Konsequenzen werden kurz aufgezeigt.

6.1 Chancen

Bessere Transparenz/Kontrollmöglichkeit
Durch den Einsatz von elektronischen Rechnungen bzw. modernen Datenverarbeitungssystemen kann der Unternehmer auf einen besseren Überblick und Kontrolle über die erfassten und gespeicherten Daten hoffen. Vorausgesetzt, er verfügt über ein den GoBD entsprechendes Datenverarbeitungssystem, welches gewährleistet, dass alle Daten bis zum Ende der Aufbewahrungsfrist z. B. unverändert, ungelöscht und optimal elektronisch ausgewertet und gespeichert werden können. Auch hier spielt die Schulung der beteiligten Nutzer des Datenverarbeitungssystems und die Abstimmung mit dem steuerlichen Berater eine wichtige Rolle.

Einsparung von Kosten
Der Unternehmer erhofft sich eine Einsparung von Kosten durch den Einsatz von elektronischen Belegen innerhalb seiner Buchführung. Dies kann tatsächlich der Fall sein, wenn die Organisation des Einsatzes von elektronischen Belegen und ebensolchen Datenverarbeitungssystemen von Beginn an gut durchdacht und unter Berücksichtigung relevanter gesetzlicher Vorgaben im Unternehmen integriert wurde. Aber: Im Vorfeld ist jedoch zu bedenken, dass das Einrichten eines funktionstüchtigen Datenverarbeitungssystems, die Schulung der MitarbeiterInnen, die Eigenschulung des Unternehmers und die Umorganisation der betrieblichen Prozesse zunächst zu einem Anstieg der Kosten führen können. Werden dann im

© Springer Fachmedien Wiesbaden 2015
K. Nickenig, *Die elektronische Rechnung*, essentials,
DOI 10.1007/978-3-658-11304-9_6

Anschluss beispielsweise elektronische Belege nicht ordnungsgemäß nach den gesetzlichen Anforderungen archiviert, so kann das evtl. Verwerfen einer Buchführung enorme Kosten verursachen, was eine Chance zu einem Risiko werden lässt.

Umweltverträglichkeit
Durch den Einsatz von elektronischen Belegen kann (zukünftig) in vielen Fällen auf klassische Papierrechnungen verzichtet werden. Dies trägt erheblich zum Umweltschutz bei. Eine ordnungsgemäße Sicherung der Daten und die Gewährleistung einer korrekten Auswertung ist jedoch unbedingt sicherzustellen!

Verbesserung des Zahlungsmittelüberschusses (Cashflow)
Mit Hilfe der schnelleren und effektiven Verarbeitung elektronischer Belege – ein funktionierendes und ordnungsgemäßes Datenverarbeitungssystem vorausgesetzt – kann eine Verbesserung der Innenfinanzierungskraft (Cashflow) das Ergebnis eines solchen Modernisierungsprozesses sein.

6.2   Risiken

Demotivation der MitarbeiterInnen
Ein sicherlich nicht unerhebliches Risiko besteht in der Demotivation der Belegschaft, welches mit der elektronischen Belegerfassung, -prüfung und -auswertung beschäftigt ist. Monotone Erfassungstätigkeiten, bei der nicht mehr die Qualität der Buchung, sondern die Quantität (Anzahl der zu erfassenden Belege) im Vordergrund steht, ist häufig der Grund von Unzufriedenheit und Frust. Nunmehr überqualifizierte Arbeitskräfte können ihre Kenntnisse evtl. nur noch eingeschränkt mit in den Arbeitsprozess einfließen lassen.

Möglicher Qualitätsverlust
Aufgrund der Zunahme des Arbeitsdrucks (z. B. Erfassung von immer mehr Rechnungen in immer kürzer werdenden Zeiträumen) kann ein möglicher Qualitätsverlust entstehen. Auch ein nicht funktionstüchtiges Datenverarbeitungssystem kann Grund eines möglichen Qualitätsverlustes sein (z. B. „Verschlucken“ von Buchungssätzen aufgrund falsch zugeordneter Daten in Zuordnungstabellen). Hierdurch entsteht das Risiko des Datenchaos, welches unvorhersehbare finanzielle und somit existentielle Folgen für das Unternehmen bedeuten kann.

Mögliches Vorsteuerabzugsverbot

Bei nicht ordnungsgemäßem Einsatz des elektronischen Datenverarbeitungssystems in Zusammenhang mit dem Einsatz elektronischer Rechnungen kann das Risiko eines Vorsteuerabzugsverbotes gegeben sein. Werden beispielsweise ausschließlich elektronisch erfasste Rechnungen versehentlich durch Softwareprobleme gelöscht oder verändert und besteht keine optimale Sicherung der Daten, so ist das Verbot des Vorsteuerabzugs denkbar.

Umstellungseuphorie

Viele Unternehmen sehen im Einsatz von elektronischen Rechnungen den Vorteil, keine platzraubenden Ordner mehr aufbewahren zu müssen. Das lästige Suchen von z. B. falsch abgelegten Belegen ist Vergangenheit. Leider wird in der *Euphorie* oft vergessen, dass eine vernünftige Einarbeitung in das Thema *Elektronische Rechnung* (e-billing) vonnöten ist, um nicht unvorbereitet den Risiken zu begegnen, die auf (fast) jeden Unternehmer im Tagesgeschäft lauern. Eine sorgfältige Vorbereitung des Einsatzes elektronischer Rechnungen im Büro in Zusammenarbeit mit dem steuerlichen Berater ist unbedingt zu empfehlen, da z. B. gesetzliche Vorgaben oder die Grundlagen der ordnungsgemäßen Buchführung (GoB) zu beachten sind.

6.3   Fazit

Es gibt sicherlich eine Reihe von Chancen und Risiken, die im Rahmen dieses Essentials nicht aufgeführt wurden. Ein Anspruch auf Vollständigkeit wird auch an dieser Stelle diesbezüglich nicht erhoben. Jedoch sollen vorgenannte Beispiele die Wichtigkeit einer funktionierenden und gut durchdachten Organisation im Rahmen des Einsatzes von elektronischen Belegen im Rechnungswesen hervorheben.

Was Sie aus diesem Essential mitnehmen können

- Einarbeitung in die komplexe Materie des Umsatzsteuerrechtes z. B. durch Betrachtung des inländischen Umsatzsteuer-Systems
- Sensibilisierung hinsichtlich wesentlicher gesetzlicher Rechnungsmerkmale, die Voraussetzung für den Vorsteuerabzug darstellen
- Vergleich Theorie und Praxis im Hinblick auf Einsatz von elektronischen Belegen
- Einarbeitung in die komplexen Anforderungen der GoBD
- Wiederholung von buchhalterischen „Spielregeln" in Form der GoB

Wichtige Links

Bundesfinanzministerium
http://www.bundesfinanzministerium.de/Web/DE/Home/home.html

Bundesjustizministerium: kostenloser Download aktueller Gesetzestexte
http://www.gesetze-im-internet.de/

Bundeszentralamt für Steuern
http://www.bzst.de/DE/Home/home_node.html

© Springer Fachmedien Wiesbaden 2015
K. Nickenig, *Die elektronische Rechnung*, essentials,
DOI 10.1007/978-3-658-11304-9

Literatur

BMF-Schreiben

1. BMF, Grundsätze zur ordnungsmäßigen Führung und Aufbewahrung von Büchern, Aufzeichnungen und Unterlagen in elektronischer Form sowie zum Datenzugriff (GoBD), GZ IV A 4 – S 0316/13/10003, Dok 2014/0353090; http://www.bundesfinanzministerium.de/Content/DE/Downloads/BMF_Schreiben/Weitere_Steuerthemen/Abgabenordnung/Datenzugriff_GDPdU/2014-11-14-GoBD.pdf?__blob=publicationFile&v=2; Abruf am 29.05.2015
2. BMF, Grundsätze zum Datenzugriff und zur Prüfbarkeit digitaler Unterlagen (GDPdU), Schreiben vom 16.Juli 2001, GZ IV D 2 – S 0316 – 136/01 -
3. BMF, Umsatzsteuer; Vereinfachung der elektronischen Rechnungsstellung zum 1. Juli 2011 durch das Steuervereinfachungsgesetz 2011; GZ IV D 2 – S 7287-a/09/10004:003; Dok 2012/0449475 http://www.bundesfinanzministerium.de/Content/DE/Downloads/BMF_Schreiben/Steuerarten/Umsatzsteuer/Umsatzsteuer-Anwendungserlass/2012-07-02-Vereinfachung-der-elektronischen-Rechnungsstellung.pdf?__blob=publicationFile&v=4, Abruf am 29.05.2015
4. BMF, Grundsätze ordnungsmäßiger DV-gestützter Buchführungssysteme (GoBS), Schreiben vom 07.11.1995, GZ IV A 8 – 0316 -52/95, BStBl 1995 I,S. 738 http://www.bundesfinanzministerium.de/Content/DE/Downloads/BMF_Schreiben/Weitere_Steuerthemen/Betriebspruefung/015.pdf?__blob=publicationFile&v=3, Abruf am 29.05.2015
5. BMF, Umsatzsteuer-Anwendungserlass aktualisiert am 05.05.2015 http://www.bundesfinanzministerium.de/Content/DE/Downloads/BMF_Schreiben/Steuerarten/Umsatzsteuer/Umsatzsteuer-Anwendungserlass/Umsatzsteuer-Anwendungserlass-aktuell-Stand-2015-05-05.html; Abruf am 29.05.2015

Gesetze/Durchführungsverordnungen

6. Umsatzsteuergesetz: http://www.gesetze-im-internet.de/ustg_1980/__15.html, Abruf am 17.05.2015

© Springer Fachmedien Wiesbaden 2015
K. Nickenig, *Die elektronische Rechnung,* essentials,
DOI 10.1007/978-3-658-11304-9

7. Umsatzsteuergesetz: http://www.gesetze-im-internet.de/ustg_1980/__14.html; Abruf am 17.05.2015

8. Umsatzsteuergesetz: http://www.gesetze-im-internet.de/ustg_1980/__14c.html, Abruf am 17.05.2015

9. Umsatzsteuergesetz: http://www.gesetze-im-internet.de/ustg_1980/__17.html, Abruf am 17.05.2015

10. Umsatzsteuer-Durchführungsverordnung: http://www.gesetze-im-internet.de/ustdv_1980/__33.html, Abruf am 17.05.2015

11. Umsatzsteuer-Durchführungsverordnung: http://www.gesetze-im-internet.de/ustdv_1980/__34.html, Abruf am 17.05.2015

12. Umsatzsteuergesetz: http://www.gesetze-im-internet.de/ustg_1980/__14b.html, Abruf am 17.05.2015

13. Abgabenordnung: http://www.gesetze-im-internet.de/ao_1977/__146.html, Abruf am 17.05.2015

14. Abgabenordnung: http://www.gesetze-im-internet.de/ao_1977/__145.html, Abruf am 17.05.2015

15. Handelsgesetzbuch: http://www.gesetze-im-internet.de/hgb/__238.html, Abruf am 17.05.2015

16. Handelsgesetzbuch: http://www.gesetze-im-internet.de/hgb/__239.html, Abruf am 17.05.2015

17. Abgabenordnung: http://www.gesetze-im-internet.de/ao_1977/__147.html, Abruf am 17.05.2015

18. Abgabenordnung: http://www.gesetze-im-internet.de/ao_1977/__196.html, Abruf am 17.05.2015

19. Abgabenordnung: http://www.gesetze-im-internet.de/ao_1977/__356.html, Abruf am 17.05.2015

20. Abgabenordnung: http://www.gesetze-im-internet.de/ao_1977/__200.html, Abruf am 17.05.2015